TIZIANA PALAZZO

DALL'EGO ALLA MISSION

Come Imparare a Riconoscere
i Segnali Dell'Ego e Scoprire
la Vera Mission Nella Vita

Titolo

"DALL'EGO ALLA MISSION"

Autore

Tiziana Palazzo

Editore

Bruno Editore

Sito internet

http://www.brunoeditore.it

Tutti i diritti sono riservati a norma di legge. Nessuna parte di questo libro può essere riprodotta con alcun mezzo senza l'autorizzazione scritta dell'Autore e dell'Editore. È espressamente vietato trasmettere ad altri il presente libro, né in formato cartaceo né elettronico, né per denaro né a titolo gratuito. Le strategie riportate in questo libro sono frutto di anni di studi e specializzazioni, quindi non è garantito il raggiungimento dei medesimi risultati di crescita personale o professionale. Il lettore si assume piena responsabilità delle proprie scelte, consapevole dei rischi connessi a qualsiasi forma di esercizio. Il libro ha esclusivamente scopo formativo.

Sommario

Introduzione	pag. 5
Capitolo 1: Conoscere le teorie per scegliere	pag. 8
Capitolo 2: Come scoprire i tuoi principi, i tuoi valori, vision e la mission	pag. 23
Capitolo 3: Il riflesso del se' nel prossimo	pag. 55
Capitolo 4: scopri la tua vera mission libera dall'ego	pag. 69
Conclusione	pag. 102

Dedicato a tutte le donne

Introduzione

Il comune denominatore di tutti i miei progetti, tecniche, strategie, dei miei e-book, libri, di BYOU Mag, di BYOU TV e dei vari post sul Blog, altro non è che la fusione dei fattori di questo processo:

- **Situazione indesiderata**
- **Gestione delle emozioni**
- **Accettazione**
- **Elaborazione Soluzioni**
- **Messa in pratica delle nuove strategie in modo diretto e indiretto**
- **Raggiungimento di una nuova situazione desiderata**
- **Semplificazione**
- **Proposta del mio metodo.**

Nulla deriva dal solo mero studio. Pratico ciò che scrivo. Educo, non insegno. Questa è una parte determinante, della mia Mission nella vita. Mostro agli altri come ho fatto a venir fuori, trasformare, risolvere, andare oltre il momento, nelle sfide quotidiane, affinché chiunque, possa scegliere di mettere, poi in pratica, la vera libertà di *Essere* prima e *Fare* dopo. Così ho imparato a manifestare, responsabilmente, la mia qualità di vita desiderata. Attraverso il mio esempio di Successo, dunque, educo al Successo, chiunque lo desidera.

Sull'Ego, che è la nostra capacità di percepire la realtà, c'e un oceano di materiale, a volte disconnesso, a volte accademico, a volte poco chiaro e a mio parere, ancora da approfondire. E' importante conoscere, più punti di vista possibili in merito all'Ego, per smettere di considerarlo un nemico e collocarlo, con le dovute strategie, nel ruolo di alleato. Anche lui è parte di noi, e quando l'Ego ha, tutte le sue sfaccettature eterogenee, in equilibrio è davvero un gran strumento di vita.

Le scuole di pensiero, sono varie: in psicologia c'e' l'Id secondo Freud, il sé secondo Jung, nelle discipline olistiche c'è l'Ego secondo Osho, per citarne alcune, che nulla hanno a che vedere con la struttura e la funzione del cervello secondo la neuroscienza. Il contenuto di qualcuno di questi pensieri, l'accenno nel primo capitolo.

Possa questo manuale essere al servizio della tua "Onnipotenza" perché tu stesso possa essere contributo e ambasciatore di Luce, Amore, Successo e Prosperità nel mondo. Grazie di Esistere, Grazie di aver risposto alla tua Chiamata.

Tiziana Palazzo
Life& Business Coach
Master Practitioner PNL
Ipnologa Neuroscientifica
CEO & Founder
Top Project
BYOU MAG web
BYOU TV web

CAPITOLO 1:
Conoscere le teorie per scegliere

Sigmund Freud (1856-1936), ha fatto una distinzione precisa della coscienza umana dividendola in tre parti: Id, Ego e Super Ego. Freud, il fondatore della **psicoanalisi**, propone un metodo per decodificare le motivazioni inconsce di tutto l'agire umano. L'Id rappresenta: gli istinti, i desideri illogici e amorali, gli impulsi che esistono in noi perché li abbiamo ereditati. L'Ego è l'aspetto che invece percepisce la sua realtà. Il super-ego è la residenza dei nostri giudizi e valori morali che acquisiamo direttamente dalla famiglia, dall'ambiente circostante e dalla società.

Sempre secondo Freud, che da medico aveva seguito studi e corsi sulla fisiologia ed il sistema nervoso, nell'Id, cioè negli istinti primordiali del nascituro, si identifica la libertà. E' lì che il neonato impara a distinguere ciò che crea sofferenza e piacere. Qui inizia la contrapposizione tra Ego ed Id, poichè la funzione dell' Ego è quella di valutare, mentre l'Id non valuta. Il Super-ego fa il suo ingresso con l'educazione poichè inserisce i condizionamenti morali secondo: i genitori, l'ambiente e la società, che dovrebbero avere lo scopo di fornire un'ulteriore strumento di calibrazione nella valutazione.

SEGRETO n. 1: la funzione dell' Ego è quella di valutare, mentre l'Id non valuta. Il Super-ego fa il suo ingresso con l'educazione poichè inserisce i condizionamenti morali.

Immaginate la nostra coscienza come un ring ma con tre boxeur che comunicano un'informazione ma da punti di vista diversi:

- Id: Voglio, desidero
- Ego: La realtà è questa, purtroppo
- Super-Ego: Non si fa, non devi fare così, è giusto fare così... (autorità morale)

L'Ego, che ha dei punti in comune, anche, con il concetto di Mappa Mentale (in Pnl), è il nostro filtro e capacità di comprendere la realtà che ci circonda, ed è costretto a "ritirarsi in gara", secondo Freud, perché ha due temibili avversari: l'Id (voglio) ed il Super-Ego (devi fare invece così!). Freud però aveva, a mio avviso, un *suo preconcetto negativo* in merito alla capacità umana di esercitare il valore della logica, e sulla ineluttabile pressione sociale e familiare che è sfociato in una teoria psicoanalitica *senza sbocchi* per il paziente che in molti ancora oggi, abbracciano. Gli approcci e le teorie sopra citate, a mio avviso, *impediscono* all'individuo di uscire dal proprio conflitto psichico e l'unica possibilità che scaturisce dall'applicazione della sua teoria è al massimo *un precario compromesso* tra desideri, realtà e obblighi morali indotti.

Freud infatti non vede l'Ego o mappa (Pnl) come uno strumento in grado di integrare emozioni e **nuovi** valori morali. Freud sceglie il concetto, a mio avviso, *limitato ed discutibile* che la moralità e l'etica non ha basi oggettive ma soggettive. Questo è dunque lo scoglio del *relativismo morale* che impedisce la trasformazione e l'uscita dal conflitto psichico della persona. La negazione dell'oggettività della natura umana e della realtà impedisce l'integrazione armoniosa di questi tre aspetti dell'uomo, scindendo la personalità in tre diversi ed indipendenti elementi, che operano in eterno conflitto.

SEGRETO n. 2: lo scoglio del relativismo morale è negazione dell'oggettività della natura umana e della realtà.

Ciò nega la corretta e diversa osservazione che ogni contraddizione, ogni conflitto ed ogni difficoltà è prodotta da un'unica entità che è dotata di aspetti eterogenei: L'Ego, la mente, le sue credenze, i suoi preconcetti, le etiche e le morali, razionali ed irrazionali. Per la mia esperienza, l'individuo ha una sola mente in cui converge tutto il materiale della coscienza: emozioni, credenze e valori, *utili tutti insieme*, al discernimento.

Cosa causa dunque il conflitto secondo Freud?
I concetti irrazionali. Oggi, una volta identificati, questi conflitti possono essere risolti, trasformati e neutralizzati, attraverso nuove tecniche e differenti strategie che operano a diversi livelli, ad esempio attraverso l'ipnologia e l'ipnoterapia neuro scientifica, la PNL e alcune concrete discipline olistiche di riconnessione. Le strategie Freudiane, permettono invece *solo* il compromesso delle tre persone ma non la risoluzione.

Altra interpretazione e teoria è quella del noto allievo di Freud, **Carl Gustav Jung (1875-1961),** che compiuti anch'egli, studi eterogenei che spaziarono dall'antropologia alla psicologia, si distacca criticamente dalle teorie psicoanalitiche Freudiane, finchè fonda la sua corrente analitica ed il suo metodo terapeutico psicanalitico. La *psicanalisi* Junghiana, differisce sostanzialmente dalla *psicoanalisi* Freudiana nella considerazione dell'individuo. Ecco alcune differenze chiave:

- **La libido.** Jung, si distacca dall'individualismo sessuale e considera l'uomo in un'ottica più completa, che non è solo conseguenza e prodotto di una pulsione sessuale. Al contrario di Freud, Jung asserisce che l'essere umano, non è mosso dalla casualità in modo esclusivo, ma è sollecitato da innate motivazioni originariamente radicate, che non possono essere sottovalutate, nel processo complesso di creazione dell'identità personale. Questa teoria finalistica, impedisce all'individuo di cadere nella disperazione di un **passato insistente**. Con Jung si pone l'accento sulla valorizzazione **della prospettiva futura**. Questo libera l'uomo da influenze inconsce conflittualmente distruttive e determina un nuovo processo costruttivo d'evoluzione.

-**Jung** parla di "**inconscio collettivo**" (personalità collettiva) che custodisce sin dalla nascita l'antico passato comune dell'umanità, mentre **Freud** propone la teoria per cui, alla nascita, l'inconscio è paragonabile ad un contenitore vuoto. **Jung** individua, quindi, un Io, un Inconscio personale e un Inconscio collettivo, in cui L'Io è la mente cosciente. L'Inconscio personale è composto da esperienze rimosse (complesso materno) e un inconscio collettivo dato dall' accumulo di esperienze precedenti di innumerevoli generazioni, che influenza l'inconscio personale.

Osho ha una chiave di lettura mistica e differente sulla nascita dell'Ego:
"Il bimbo appena nato in primo luogo si accorge del tu, del voi, dell'altro, e poi via via, in contrapposizione a tu e voi, diventa consapevole di se stesso. Questa consapevolezza è una consapevolezza riflessa. Egli non è a conoscenza di chi egli è. Egli è semplicemente consapevole della madre e di quello che lei pensa di lui. Se lei sorride, se lei apprezza il bambino, se lei dice: "Tu sei bello, "*se lei lo abbraccia e lo bacia, il bambino si sente*

bene con se stesso. Ora, un Ego è nato. Attraverso l'apprezzamento, l'amore, la cura, egli si sente bene, si sente prezioso, sente di avere una certa importanza. Ora un Centro è nato." Tratto liberamente da The Ego the false Center di Osho.

Si evince, dunque che il primo tassello per la capacità di amarsi ed amare e di riconoscersi amabili e capaci di amare, lo instilla la madre, poi nelle varie fasi di crescita intervengono "gli altri", il padre, i parenti, gli amici, la scuola, l'ambiente etc.

L'Ego secondo Osho è *il riflesso della consapevolezza che hanno di se stessi gli altri e per altri si intende per prima la madre.*

SEGRETO n. 3: L'Ego secondo Osho è il riflesso della consapevolezza che hanno di se stessi gli altri e per altri si intende per prima la madre.

Un'altra notizia è che secondo Osho, non si arriva alla consapevolezza di se senza prima aver "assorbito e *codificato* le consapevolezze degli altri".

Dice infatti sempre nello stesso testo:

"L'ego è un fenomeno accumulato, un sottoprodotto della vita con gli altri. Se un bambino vive completamente solo, non potrà mai sviluppare un ego. Ma questo non è d'aiuto. Egli rimarrà come un animale. Questo non vuol dire che egli conoscerà il vero sé, no. *Il reale può essere conosciuto solo attraverso il falso, quindi l'ego è una necessità.* Si deve passare attraverso di esso. Si tratta di una disciplina. *La verità può essere conosciuta solo attraverso l'illusione.* Non è possibile conoscere direttamente la verità." Tratto liberamente da The Ego the false Center di Osho.

Nella sua teoria Osho rimarca l'interesse e lo scopo della società di "addestrare" il bimbo ad esserne parte efficiente del meccanismo. In questo la moralità viene spogliata del senso etico allo stato puro e viene rivestita del ruolo per cui esiste come condizionamento. *La Moralità significa solo che tu dovresti adattarti alla società. Osho*

Per Osho, la società non ha interesse al processo personale di auto-consapevolezza perché quest'ultimo rende **libero** l'uomo dalla manipolazione ed il controllo da parte della stessa.

Osho asserisce che ci sono due Centri (Ego): quello con cui si nasce, puro e libero dai condizionamenti ed uno costruito ad uso e consumo della società, quello che Osho definisce il falso Ego che è perennemente affamato di attenzioni e riconoscimenti.

L'apprendimento avviene attraverso il riflesso che gli altri gli danno. Sei andato bene a scuola, allora sei *riconosciuto* bravo e amato, non sei andato bene a scuola, allora sei rifiutato e questo spinge ancora di più a fare qualcosa in *obbedienza* con i condizionamenti per *sentirsi amabili*. Devi parlare, muoverti ed agire in un certo modo e secondo un codice preciso solo così sei accettato e apprezzato "dalla società", *pena l'inflizione* di rimproveri e scossoni al tuo "Ego riflesso" degli altri.

Secondo Osho il momento della *consapevolezza del sé* è sempre preceduto da un momento in cui **non** sai più chi sei, in cui, scegliendo di smettere di credere a quel riflesso del sè falso, ci si sente smarriti ed impauriti. *Solo* il coraggio di affrontarlo, rende *breve* questo periodo di trasformazione che altrimenti, si può trascinare, addirittura, per le vite successive. **E' la paura dell'ignoto che ci incatena al falso se!** In fondo anche se è causa di miseria e dolore nella nostra vita, quello è il nostro sé falso ma conosciuto, l'altro, il vero sé, invece, chi lo conosce?

Il falso sé, diventa la tua identità, pur misera, discutibile e che detesti ma almeno **"sei"**. Il resto è ancora sconosciuto. Questo genera paura, la paura dell'ignoto, la paura di perdersi e *"non essere più alcunchè"*.

La società ha creato comunque dei sistemi organizzati di condizionamento, continua Osho, dei **recinti** come le Università per sentirsi **al sicuro** in idee **scelte e accettate da tutti**, che però occultano una parte fondamentale: **Il vero sé**, l'anima.

"...ma questo è l'ordine della stessa esistenza...E' quella che il Buddha chiama Dhamma, Lao Tzu chiama Tao, Eraclito chiama Logos. Non è fatto dall'uomo. Questo è il vero ordine dell'Esistenza" cit. Osho

Senza "Centro", Ego vero o sé reale, dunque, sei parte del sistema. Come puoi essere **un individuo** se sei parte del sistema?

Come puoi smettere di soffrire se il tuo Ego si immerge in constatazioni, analisi e ricerche di cause continue?

E' sempre l'Ego che *nega* la verità di *"essere falso"* e lo fa spingendovi a stare sulla difensiva, quando la verità sulla sua falsità vi stimola. **Un uomo in connessione con il vero sé non è in conflitto con nessuno, altri possono essere in conflitto con lui ma lui no.**

"...L'Ego è sempre a caccia di guai. Perché? Perché se nessuno ti presta attenzione, l'Ego si sente affamato. Esso vive d' attenzione." Cit. Osho

Il "falso Ego" è *schiavo* degli altri: della moglie / marito che ti lascia, della mancanza di coccole ed attenzioni da parte di un genitore etc. **Il tuo falso Ego dipende dagli altri.** Ti rende insicuro e sei alla continua ricerca di conferme da parte degli altri, per ogni situazione della tua vita. La paura, la rabbia, la miseria, *tutto ha causa interna* ed è generato dalle **tue aspettative inattese** e dai risultati opposti alle **tue aspettative.**

Pensare di distruggere o eliminare "l'Ego falso" è controproducente e potenzia il suo potere dentro di noi. Infatti, è grazie alla *consapevolezza della causa,* che si *genera la consapevolezza della sua falsità, quindi la riconnessione con il proprio vero sé.* Più lo neghi o lo ignori e più esso, prende il sopravvento. Prima lo riconosci come origine delle tue "reazioni" e prima il vero *sé si manifesta.*

Dice Osho:
Che cosa è l'Ego? L'Ego è una gerarchia che dice: "Nessuno è come me." esso si nutre di falsa modestia. "Nessuno è come me, io sono il più umile di tutti."

Peccato che ad ogni complimento ricevuto, però, la falsa umiltà faccia spuntare un sorriso di grande soddisfazione sul volto, tipico di chi umile proprio non è.

La vera umiltà, per la mia esperienza, deriva dall'allenamento alla consapevolezza ed accettazione dell'eterogeneità del proprio sè. La vera umiltà è immune all'*euforia dei complimenti* ricevuti, poiché diventa virtù, tutt'uno con l'anima, che riconosce ed accetta la *perfettibilità* di se stessi.

In breve si può essere, lo stesso, persone meravigliose se anche talvolta oltre che generose, disponibili e pacifiche possiamo scegliere di essere anche il contrario. *La luce ingloba il buio, in una danza di prevalenza armonica.* Un esempio tipico di questo processo, a mio avviso è il simbolo dello Jin e dello Yang.

PUNTI DI RIFLESSIONE:

1) La causa del conflitto secondo **Freud** sono: *I concetti irrazionali.* Oggi, una volta identificati, questi conflitti per la mia esperienza, possono essere risolti, trasformati e neutralizzati, attraverso nuove tecniche e differenti strategie che operano a diversi livelli, ad esempio attraverso ***l'ipnologia e l'ipnoterapia neuro scientifica, la PNL e alcune concrete discipline olistiche di riconnessione.*** Le strategie Freudiane, permettono invece solo il compromesso delle "tre persone" ma **non** la risoluzione.

2) **Jung** individua, quindi, un Io, un Inconscio personale e un Inconscio collettivo, in cui L'Io è la mente cosciente. L'Inconscio personale è composto da esperienze rimosse (complesso materno) e un inconscio collettivo dato dall' accumulo di *esperienze precedenti di innumerevoli generazioni, che influenza l'inconscio personale.*

3) **Osho**. L'Ego secondo Osho è *il riflesso della consapevolezza che hanno di se stessi gli altri e per altri si intende per prima la madre.* La società ha creato comunque dei sistemi organizzati di condizionamento, dei **recinti** come le Università per sentirsi **al sicuro** in idee **scelte e accettate da tutti**, che però occultano una parte fondamentale: **Il vero sé**, l'anima.

4) Il momento della *consapevolezza del sé* è sempre preceduto da un momento in cui **non** sai più chi sei. *Solo* il coraggio di affrontarlo, rende *breve* questo periodo di trasformazione che altrimenti si può trascinare addirittura per le vite successive. **E' la paura dell'ignoto** che ci incatena al falso se! **Un uomo in connessione con il vero sé non è in conflitto con nessuno, altri possono essere in conflitto con lui ma lui no.**

RIEPILOGO DEL CAPITOLO 1:
- SEGRETO n. 1: la funzione dell' Ego è quella di valutare, mentre l'Id non valuta. Il Super-ego fa il suo ingresso con l'educazione poichè inserisce i condizionamenti morali
- SEGRETO n. 2: lo scoglio del relativismo morale è negazione dell'oggettività della natura umana e della realtà.
- SEGRETO n. 3: L'Ego secondo Osho è il riflesso della consapevolezza che hanno di se stessi gli altri e per altri si intende per prima la madre.

CAPITOLO 2:
Come scoprire i tuoi principi, i tuoi valori, vision e mission

Vittorio Marchi, straordinario fisico italiano, dalle teorie innovative e a mio parere, anticipatamente rivoluzionarie, mi colpì in una sua conferenza, oltre che con la sua teoria di "campo informazionale", anche con la teoria per cui nessuno può "ben-essere" se non scopre e si riconnette e "sta bene" prima, con se stesso e riconosce ed accetta la sua vera identità: Io sono…Divinità. Questo "ben-essere" dice, va oltre la beauty farm, la meditazione, i massaggi e le tecniche di respirazione (fermo restando che tutto è utile e tutto concorre al nostro bene).

Il messaggio è dunque: *Riconosciti come identità connesso e parte del Creatore, poiché "la vita" non è creatrice al di fuori o lontano da te, tu stesso lo sei.*

SEGRETO n. 4: Riconosciti come identità connesso e parte

del Creatore, poiché "la vita" non è creatrice al di fuori o lontano da te, tu stesso lo sei.

Splendide, a mio avviso, le due metafore, da lui utilizzate in quella conferenza. Se ad un'onda del mare gli chiedessi, dice: Chi sei tu? E lei mi rispondesse "Sono un'onda!", la risposta sarebbe errata e generatrice di *confusione* in quell'onda, poiché quell'onda vive, "la separazione", crede vera una dualità tra ciò che crede di essere e ciò che realmente è.

La risposta che definisce l'Identità dell'onda dovrebbe essere: **Io sono il mare.** Così come i cubetti di ghiaccio che galleggiano nell'acqua gelida …non sono separati dall'acqua ma essi stessi, sono acqua. Noi siamo divinità, e viviamo avvolti in un campo informazionale sincronico. La falsa credenza di essere Individui separati crea: confusione, il concetto del mio e tuo, la guerra, i divorzi, i conflitti etc..

Con questa riflessione nel cuore, è tempo di iniziare il tuo viaggio. Dunque, partiamo dai tre aspetti di te stesso su cui iniziare a farti chiarezza: Valori- Credenze- Bisogni.

I Valori sono naturale conseguenza dei Principi ed i Principi stessi, sono i pilastri su cui basi tutta la costruzione della tua vita.

La differenza principale tra Valori e Principi sono il modo in cui vengono manifestati. I Valori, insieme di credenze soggettive e ideali, sono i concetti che guidano le nostre scelte. I Principi, leggi e verità universali, sono il modo in cui manifestiamo i nostri valori.

I **Valori** sono un insieme di credenze e opinioni su temi come libertà, amore, sesso, istruzione, relazioni etc. circa: il bene ed il male, ciò che è giusto e sbagliato, sacro e profano e su molti altri aspetti che ci permettono di interagire con gli altri nella nostra società e spesso sono accompagnati da una "sanzione religiosa" per cui li si acquisisce senza troppe domande. Oltre i valori universali come l'amore e la compassione e quelli personali, cari al singolo, ci sono valori che possono variare da cultura a cultura.

I valori servono come "forza guida" nella vita e sono il faro che da la direzione ad un individuo in una società. Nei momenti di confusione mentale riguardo, una sfida o dei sentimenti in conflitto, l'identificazione dei propri valori, aiuta in modo decisivo, un individuo a ritrovare la rotta con chiarezza.

I **Principi** sono regole o leggi universali non scritte, ma rispettate da tutti e presenti in natura. Questi principi riguardano il comportamento umano e servono ad impostare e governare l'interazione tra le persone, in una società.

SEGRETO n. 5: I Principi sono regole o leggi universali non scritte, ma rispettate da tutti e presenti in natura. Questi principi riguardano il comportamento umano e servono ad impostare e governare l'interazione tra le persone, in una società.

I principi trattano sempre di verità o standard universali come: l'equità, la giustizia, l'uguaglianza, la sincerità, l'onestà, ecc. Questo oltre a fornire salda chiarezza, nei dubbi dona l'inossidabile capacità di prendere posizione su qualsiasi questione sociale o fatto della vita.

I Principi hanno la funzione di un'ancora per una nave, tra le onde di un conflitto tengono salda la posizione della stessa. Mentre i valori sono il timone che ci permette di andare avanti, guidando la nostra vita, con le nostre convinzioni.

Ora, rispondi sinceramente a queste domande:

Di chi ti fidi?
……………………………………………………………………
……………………………………………………………………
……………………………………………………………………
……………………………………………………………………

Quali sono le caratteristiche di queste persone?
……………………………………………………………………
……………………………………………………………………
……………………………………………………………………
……………………………………………………………………

Quali dovrebbero essere le caratteristiche di queste persone, perché tu gli possa riconoscere fiducia? (solo se hai risposto che non ti fidi di nessuno)

....
....
....
....

Chi si fida di te?

....
....
....
....

Quali sono le caratteristiche che ti riconosce, per cui si fida di te?

....
....
....
....

Sapevi che il 100% della ragione per cui non ti fidi degli altri manifesta, per ora, che non ti fidi di te stesso?

Questi, invece, sono i due parametri che determinano in una

persona la scelta di fidarsi di te:

- Il tuo "carattere"
- La tua credibilità

Premesso che Fiducia e Rispetto sono i pilastri portanti, di chiunque voglia costruire la propria Credibilità interiore e la fiducia in se stesso. Da qui si può, poi, esercitare, la propria Autorità naturale, cioè la capacità di essere e farsi percepire al meglio delle proprie potenzialità.

Quali sono dunque, i Principi ed i Valori con cui hai, insieme a credenze e bisogni, governato, fino ad ora, la tua vita, ottenendo determinati risultati particolari?

SEGRETO n. 6: Occorre scoprire sono dunque, i Principi ed i Valori con cui hai, insieme a credenze e bisogni, governato, fino ad ora, la tua vita, ottenendo determinati risultati particolari.

Scopri con quali schemi mentali, prendi le tue decisioni che influiscono pesantemente nella tua vita:

1. Mi preoccupo principalmente delle conseguenze?
....

2. Cosa sono disposto a fare o a rinunciare per ottenere questo obbiettivo?
....

3. Cerco il beneficio immediato, la scorciatoia?
....

4. Quanto impegno e tempo, sono disposto ad investire, perché questo progetto si realizzi?
....

5. Cerco il parere, il consenso, l'approvazione degli altri?
....

6. Quanto sono disposto ad andare avanti, aldilà dell'opinione altrui, nella realizzazione della mia idea?
....

7. Filtro tutto con il rigido rispetto delle regole?

…………………………………………………………………

8. Quanto vale, per me, la mia felicità, in confronto al rispetto "rigido" delle regole che mi sono imposto di seguire?

…………………………………………………………………

E' dunque molto probabile, che se hai paura delle conseguenze, preferisci ottenere un beneficio immediato, ricerchi l'approvazione, ti affidi continuamente al consiglio degli altri, preferisci le pacche sulle spalle e filtri tutto con le regole che ti sono state insegnate come indiscutibili (Es. la famiglia va mantenuta unita a tutti i costi!), tu sia in balia del tuo "falso Ego". E se sei scontento di ciò che hai ottenuto fino ad ora nella tua vita e probabilmente stai vivendo una vita infelice che qualcun altro ha deciso per te, il tuo falso Ego sta dando i suoi risultati.

E' invece quando sei **disposto a perdere tutto per il tuo progetto**, quando sei disposto ad accettare un beneficio più grande in una distanza *temporale maggiore*, quando l'opinione degli altri per te, resta, appunto, solo, il loro punto di vista e quando le regole, di fronte alla tua felicità, sempre nel rispetto degli altri, sono *un mezzo* ma non un fine, è allora, che tu stai già vivendo, la vita dei tuoi sogni, secondo te stesso.

Un giorno lontano, voltandoti indietro, constaterai che quella che hai vissuto è stata la vita felice dei tuoi sogni, con la quale hai lasciato un segno positivo ed indelebile in persone che neanche potevi immaginare. Tutte le nostre scelte, sono il risultato di un processo. Tutte le nostre scelte, vengono filtrate da un ordine specifico per importanza soggettiva, dei principi a cui leghiamo i valori che creano, poi, la nostra capacità d'essere:

- Sicuri
- Guida nella nostra vita
- Potere nella nostra esistenza
- Saggezza.

Cos'è dunque, davvero importante per te nella tua vita?
Quali sono dunque i tuoi principi su cui basi, poi, i tuoi valori?
Questo esercizio è fondamentale, per scoprire e confermare quali sono i tuoi principi su cui basi, con i tuoi valori, le scelte nella

vita. Perciò prenditi il tempo necessario per te stesso. Va con la memoria, a tutte quelle situazioni, in cui hai difeso e ti sei battuto per un principio generale, come: La Giustizia, L'Onore, L'Uguaglianza, La Morale Spirituale, L'Equità, L'Unità, La Pace, La Cooperazione, La Crescita, L'Onestà etc. e dopo inizia a completare il "cuore" sottostante, solo con i principi che riconosci come determinanti per te, per un massimo di 5.

I MIEI PRINCIPI PIU' IMPORTANTI SONO:

1.
2.
3.
4.
5.

I tuoi Valori, come ho già espresso prima, sono conseguenza dei tuoi Principi. Di seguito ti fornisco una lista di Valori, a cui puoi fare riferimento e che puoi copiare tranquillamente.

Quali sono i tuoi valori più importanti?

Seleziona i valori che ritieni fondamentali per te, scrivendo affianco un punteggio che va da 1 a 3 (1 minima importanza 2 media importanza, 3 massima importanza), poi scegline solo 5 e mettili in ordine di priorità, per te, nella tabella successiva alla sottostante:

realizzazione	servizio	prestazione
avventura	salute	crescita personale
bellezza	onestà	ascolto
miglioramento	indipendenza	produttività
sfida	pace interiore	empatia
comfort	integrità	solidarietà
coraggio	intelligenza	affidabilità
creatività	intimità	rispetto
curiosità	gioia	sicurezza
educazione	direzione	spiritualità
potenziamento	apprendimento	successo
ambiente	amore	libertà di tempo
famiglia	motivazione	varietà
libertà finanziaria	passione	amicizia
idoneità	determinazione	coerenza
congruenza	rispetto	fedeltà
flessibilità	sostenibilità	accoglienza

Altri tuoi valori non presenti in elenco

I MIEI VALORI FONDAMENTALI

1.
2.
3.
4.
5.

Descrivi per ognuno di questi 5 valori il significato che ognuno di essi rappresenta per te:

> Es. **Libertà:** rispetto dei miei svaghi, avere il tempo di dedicarmi alla lettura due volte alla settimana etc…

1.	
2.	
3.	
4.	
5.	

Completa poi, il seguente schema, in ordine orario e per priorità, il valore che gli riconosci in correlazione con i tuoi principi.

Questo ti permette di avere chiara la scala dei tuoi principi e valori attraverso cui filtri le tue decisioni.

Oggi puoi scegliere di aggiungere alla tua lista, dei nuovi principi e dei nuovi valori con cui potenziare la tua trasformazione come nell'esempio che segue.

Quello che ho scoperto, nella mia vita è che ci sono 3 semplici domande chiave a cui rispondere per scoprire la propria direzione. La capacità di fare progressi nella tua vita dipende da quanto bene rispondi ed agisci di conseguenza, a queste domande:

1. Perché sono qui? (Questo è il tuo scopo)
2. Che cosa voglio davvero? (Ecco i tuoi obiettivi)
3. Come lo posso ottenere in modo etico e sostenibile? (Ecco i tuoi strumenti)

Perché sono qui?	
Cosa voglio davvero?	
Come lo posso ottenere in modo etico e sostenibile?	

Vision e Mission

Per la mia esperienza, è fondamentale, per dare una conferma alle risposte che avete dato precedentemente, definire Vision e Mission. Ho scoperto negli anni, sia a livello aziendale che personale che c'è della confusione su questi due aspetti fondamentali della propria vita.

Mi è accaduto parecchie volte di ascoltare di Mission che in realtà erano Vision e viceversa. Perché dunque è necessario fare chiarezza intorno a queste due dichiarazioni?

Entrambe sono, pur per ruoli diversi, elementi fondamentali di un piano strategico per la realizzazione del progetto per eccellenza: la propria vita. L'assenza di chiarezza nella propria Mission e Vision, o addirittura l'assenza di entrambe come consapevolezza fanno sì che si perdano delle straordinarie opportunità quali:

- Attrarre e trattenere talenti e persone convergenti al proprio progetto di vita
- Costruire una nuova propria cultura organizzativa, da

condividere
- Massimizzare le proprie performance, trasformando le proprie potenzialità in effettivi strumenti di successo, utili alla realizzazione del proprio progetto.

Cos'è dunque una dichiarazione di VISION?

- La Vision descrive lo stato futuro desiderato e ottimale. E' una chiara immagine mentale di ciò, che si vuole raggiungere, in un tempo prestabilito.
- La Vision è guida ed ispirazione per essere costantemente focalizzati sul raggiungimento dell'obbiettivo in 10 anni o più (lungo termine).

In un articolo dell' Harvard Business Review, James M. Kouzes e Barry Z. Posner, sottolineano l'mportanza di: "To Lead, Create a Shared Vision.", "Guidare, creare e condividere la Vision", per creare un nuovo impatto propositivo e contributo personale, non solo per la realizzazione a lungo termine di un progetto aziendale ma soprattutto di un progetto di vita più complesso a cui tutte le persone che ci circondano sono chiamate a partecipare con passione e convinzione.

- La Vision è scritta in modo breve per creare, come un mantra da ripetersi facilmente, ispirazione per se e per gli altri.

- Una Vision chiaramente stabilita, quindi incoraggia le persone a concentrarsi su ciò che è importante, per comprendere meglio, il cambiamento e la necessità di allineamento delle proprie risorse, alla Vision stessa.

La Vision, in se, accoglie anche una *dichiarazione d'intenti*, breve e d'uso quotidiano per la riformulazione (anch'essa come un mantra), la quale definisce lo stato, il senso, lo scopo, in un tempo più breve, di 1-3 anni, e che è contenuta nella Vision.

Risponde a tre domande sul senso di una Vision e come ogni giorno ci si muove per realizzarla:

- **CIO'** che fa (lo scopo)
- **CHI** fa per chi (corrispondenza)

- **COME** si fa quello che si fa (i principi ed i valori attraverso cui si concretizzano azioni specifiche)

Ecco alcuni esempi di Vision personale anonimi, pubblicamente disponibili su internet:

- *La mia Vision vede tutti, compresa la mia famiglia, godere di pace e di diritti, in modo che possano realizzare il loro pieno potenziale nella vita.*
- *La mia Vision della vita è quella di servire i bambini e le famiglie attraverso l'insegnamento di arte, musica e sviluppo del linguaggio per arricchire, dare valore ed essere una parte della vita dei bambini, attraverso un team di persone determinate a lavorare insieme in eccellenza per realizzare veramente i loro sogni.*
- *Creare opportunità per tutti in qualsiasi momento anche dopo il mio tempo di vita.*
- *La mia Vision è quella di essere determinato e di essere leale ovunque. Per essere un ingegnere della mia scelta, in Dio.*

Chi ha chiara e ben definita la Vision e ripete quotidianamente la sua dichiarazione d'intenti, è quotidianamente più *focalizzato, incoraggiato ed incoraggiante, comunicativo, carismatico nella condivisione, motivato e motivante, allineato con le risorse e flessibile al necessario e repentino cambiamento*, laddove necessario.

Jack Welch, presidente della General Electric ha dichiarato: *"I buoni imprenditori creano Vision, articolano la Vision, possiedono una Vision piena di passione, e inesorabilmente guidano alla sua realizzazione."*

Comprendere la Mission, invece, permette una prospettiva migliore, su come il proprio lavoro quotidiano, contribuisce al conseguimento dello scopo finale, riducendo la resistenza all'azione quotidiana, da intraprendere per realizzarla.

Se non puoi definire con chiarezza la tua "ragione di esistere (Mission) o "dove stai andando" (Vision), come puoi allineare persone ed i processi verso il tuo futuro di successo?

Tutte le persone che desideri coinvolgere nel tuo progetto, bisogna fare in modo che sappiano, come il loro lavoro contribuisce, a realizzare la tua Mission (stato attuale) e, infine, la tua Vision (stato futuro).

La Mission può:

- Ispirare e Rafforzare, attraverso un senso unitario di scopo
- Potenziare il processo decisionale su una più ampia prospettiva coerente e chiara
- Migliorare le relazioni interpersonali e interfunzionali attraverso una comprensione condivisa delle priorità

Non hai bisogno di essere, un'azienda o una persona famosa per definire la tua Mission. Le più straordinarie Mission sono state scritte da persone comuni. Eccone alcuni esempi anonimi:

- ***La mia missione è quella di dare: intendo dare quello che faccio meglio e posso imparare a fare meglio.***
- ***Voglio aiutare ed influenzare il futuro sviluppo di persone e organizzazioni. Io voglio educare i miei figli e gli altri ad***

amare e ridere, ad imparare e crescere oltre i loro limiti attuali.

- *La nostra missione di famiglia: Niente sedie vuote.*
- *Vivo per servire con il mio talento come comunicatore, artista e imprenditrice indipendente. Creo equilibrio nel lavoro, il gioco e la comunità. Mi ispiro a quelle persone con cui interagisco.*

Le Mission sono tratte liberamente da Franklin Covey

La lista delle domande, per scoprire la tua Vision inizia con questo preambolo: *Dove voglio andare?* Le domande che seguono sono propedeutiche alla creazione della risposta a questa prima domanda. Prendi carta e penna e scrivi velocemente **senza correggere** (ignora pure: punteggiatura, doppie e accenti) la prima cosa che ti viene in mente, entro 30 max 60 secondi, dai la tua risposta ad ogni singola domanda, meno tempo ci impieghi e più hai probabilità che esse vengano, direttamente, dal tuo io più profondo. Quando inizi questo lavoro: spegni il cellulare, mettiti nella condizione di non essere disturbato da nessuno. Sii onesto con te stesso, tanto nessuno leggerà il tuo lavoro. Scrivi al presente indicativo, con fede, come se ciò, è già la tua vita. Slaccia le cinture di sicurezza, goditi il momento, credi e sorridi mentre scrivi.

1. A cosa assomiglierebbe il tuo giorno perfetto?
2. Come sarebbe la tua vita ideale?
3. Per che cosa vuoi essere ricordato? C'è una sorta di eredità spirituale o di consapevolezza, che vuoi lasciare?
4. Che cosa vuoi in più, nella tua vita? Cosa c'è di così buono e bello nella tua vita, che ne vorresti di più?
5. Cosa vuoi avere di meno nella tua vita? Cosa vuoi lasciare andare, per fare spazio a qualcos'altro di meglio, nella tua esistenza?
6. Quali sono le tue competenze e quali sono le cose che ami ed in cui sei veramente bravo/a?
7. Quali sono le competenze che ami e in cui desideri eccellere, praticandole e diventandone più abile?
8. Cosa ti piacerebbe fare per rendere il tuo mondo un posto migliore?
9. Che tipo di attività ti piace fare, così tanto che non ti stancheresti mai, di praticarla?

10. Cosa puoi fare, per percepire il quadro, di tutto l'insieme? Se la tua Vision è molto grande, è possibile che tu stia lavorando, solo, su una parte di essa? In quel caso, che pezzo è, quello da cui sei attratto? Questo accade quando, il tuo scopo di vita o "chiamata" interseca la tua Vision.

11. Chi devi essere per sentirti felice, soddisfatto e appagato? Ripensa a tutto ciò che hai fatto fin ora: il lavoro, il volontariato, la tua vita familiare, sociale, scolastica, magari ciò che hai fatto per un amico. Dove eri più felice, soddisfatto e appagato? Chi era la persona, che **eri** allora? Che feed-back, ti hanno dato le persone con cui hai lavorato o con cui hai collaborato?

Ora completa la tua dichiarazione di Vision qui sotto nel riquadro, attingendo a tutte le parole che ti richiamano all'azione, che hai scritto in precedenza, nelle tue risposte ed aggiungi i tuoi principi fondamentali.

LA MIA DICHIARAZIONE DI VISION

Ecco le 14 domande da farti, per scoprire invece, la tua **Mission**:

1. Cosa ti fa sorridere? (Attività, persone, eventi, hobby, progetti, ecc.)
2. Quali sono le cose che preferivi fare in passato? E quali sono quelle che preferisci fare ora?
3. Quali sono le attività che ti fanno perdere la cognizione del tempo?
4. Cosa ti fa sentire un "grande" con te stesso?
5. Chi ti ispira di più? (Chiunque si conosce o non si conosce:

famiglia, amici, autori, artisti, dirigenti, ecc.) Quali sono le qualità che ti ispirano, in ogni persona?

6. Che cosa ti viene naturalmente bene? (Competenze, abilità, doni, talenti, ecc.)
7. In che cosa la gente di solito ti chiede di aiutarli?
8. Se potessi insegnare qualcosa, cosa vorresti insegnare?
9. Che cosa ti dispiacerebbe non aver pienamente fatto, essere o avere nella tua vita?
10. Immagina di avere ora 98 anni, di essere seduto su una poltrona in terrazzo, puoi sentire la brezza primaverile sfiorarti delicatamente il viso. Tu sei beato e felice e soddisfatto dell'esistenza meravigliosa che hai vissuto fino a quel momento. Guardando indietro e ripensando a tutto quello che hai raggiunto e acquisito, a tutte le relazioni che hai sviluppato, cos'è ciò che ha davvero contato per te di aver realizzato maggiormente in quella vita vissuta? Scrivi un elenco.
11. Quali sono state le sfide, le difficoltà e le fatiche che hai superato o stai per superare? Come hai fatto o stai facendo?
12. Quali sono le "cause"(wwf, adozioni a distanza, sostenibilità, etc.) in cui credi fortemente? In quali sei già

coinvolto?

13. Se tu potessi far arrivare un messaggio, per te importante, ad un grande gruppo di persone, chi sarebbero queste persone? Quale sarebbe il tuo messaggio?
14. Considerando i tuoi talenti, le tue passioni ed i tuoi valori. Come puoi utilizzare queste tue risorse per servire, aiutare e contribuire? Chi vuoi servire, aiutare e a cosa vuoi contribuire?

Ora completa la tua dichiarazione di Mission qui sotto nel riquadro attingendo a tutte le risposte che hai scritto in precedenza ed aggiungendo i tuoi valori. Ricorda che la dichiarazione di Mission è composta da 3 parti che rispondono a queste 3 domande:

- Cosa voglio fare?
- Chi Voglio aiutare?
- Qual è il risultato che voglio ottenere? Che valore posso creare?

LA MIA DICHIARAZIONE DI MISSION

SPUNTI DI RIFLESSIONE:

1) I Valori sono naturale conseguenza dei Principi ed i Principi stessi, sono i pilastri su cui basi tutta la costruzione della tua vita. La differenza principale tra Valori e Principi sono il modo in cui vengono manifestati. I Valori, insieme di credenze soggettive e ideali, sono i concetti che guidano le nostre scelte. I Principi, leggi e verità universali, sono il modo in cui manifestiamo i nostri valori.

2) I Principi sono regole o leggi universali non scritte, ma rispettate da tutti e presenti in natura. Questi principi

riguardano il comportamento umano e servono ad impostare e governare l'interazione tra le persone in una società.

3) Tutte le nostre scelte vengono filtrate da un ordine specifico per importanza soggettiva dei principi, a cui leghiamo i valori che creano, poi, la nostra capacità d'essere:

- Sicuri
- Guida nella nostra vita
- Potere nella nostra esistenza
- Saggezza.

Se non puoi definire con chiarezza la tua "ragione di esistere (Mission) o "dove stai andando" (Vision), come puoi allineare persone ed i processi verso un futuro di successo?

RIEPILOGO DEL CAPITOLO 2:

- SEGRETO n. 4: Riconosciti come identità connesso e parte del Creatore, poiché "la vita" non è creatrice al di fuori o lontano da te, tu stesso lo sei.
- SEGRETO n. 5: I Principi sono regole o leggi universali non scritte, ma rispettate da tutti e presenti in natura. Questi principi riguardano il comportamento umano e servono ad impostare e governare l'interazione tra le persone, in una società.
- SEGRETO n. 6: Occorre scoprire sono dunque, i Principi ed i Valori con cui hai, insieme a credenze e bisogni, governato, fino ad ora, la tua vita, ottenendo determinati risultati particolari.

CAPITOLO 3:
L'accettazione di se:
usa il riflesso del sé nel prossimo

Finalmente anche la neuroscienza ha scoperto qualcosa che da millenni si riscontrava nel processo di acquisizione di comportamenti e abitudini dell'uomo derivanti da una delle capacità dell'essere umano come entità sociale: l'empatia.

Giacomo Rizzolati, fiore all'occhiello della scienza italiana, più volte premiato, ha dunque scoperto, insieme ad uno staff internazionale di neuro scienziati, i neuroni a specchio.

SEGRETO n. 7: «I neuroni specchio saranno per la psicologia quello che il DNA è stato per la biologia.» Vilayanur S. Ramachandran.

I *neuroni a specchio* sono una classe di neuroni che si attiva in un individuo, anche in presenza di amputazioni e plegie degli arti, quando una persona compie un'azione e anche quando una persona osserva la stessa azione compiuta da un altro individuo.

Attraverso studi di risonanza magnetica, si è potuto constatare che i medesimi neuroni attivati dall'esecutore durante l'azione, vengono attivati anche nell'osservatore della medesima azione. Cit. Wikipedia

In breve siamo *geneticamente equipaggiati, per entrare in empatia con il nostro prossimo.*

Cosa centrano, dunque, i neuroni a specchio, l'empatia e l'accettazione del sè?

In questi anni, ho avuto modo di constatare quanto sia importante nel processo dell'accettazione del se, tener conto di questi fattori. L'empatia è a mio avviso lo strumento per entrare in connessione con una persona ed è utile poi per "modellare" (PNL), attraverso i neuroni a specchio, la persona che ci interessa. L'accettazione del se, per la mia esperienza, deriva dalla comprensione, che tutto ciò che comunichiamo all'altro come sua "peculiarità caratteriale" nel bene e nel male, spesso, parla di noi stessi.

"Tutto ciò che ci irrita sugli altri ci può portare ad una comprensione di noi stessi."
Carl Jung

Che c'entra con la Mission e con l'Ego?

Se non conosci te stesso, l'aspetto dell'Ego ferito, imperversa e l'esercizio fatto sopra, sarà solo il riflesso appannato, della tua vera Mission.

Ho riassunto in sei semplici passi quello che puoi imparare a portare a frutto, con coraggio, nella tua vita attraverso il prezioso contributo degli altri. **Sospendi** il giudizio, scegli di cogliere aspetti di te stesso, che ancora ignori nel tuo prossimo e **permettiti di accettarli**. Solo così imparerai a guidare te stesso e a svoltare prima dell'ennesimo "frontale" con un esito negativo, già vissuto, in altre situazioni personali.

Abbiamo sviluppato questa capacità di "specchio", che è più

sviluppata nelle persone con meno mezzi di sostentamento, poiché hanno bisogno di imparare rapidamente a leggere bene la gente per sopravvivere; tuttavia, solo perché non hai mai avuto fame, non sei mai stato abbandonato, o non hai vissuto nella povertà, non significa che devi essere all'oscuro di te stesso.

Ci vuole coraggio, umiltà e capacità di mettersi in discussione, per comprendere che gli altri sono il nostro specchio e la nostra più grande opportunità di apprendimento e consapevolezza. Questo migliorerà la tua autocoscienza e le relazioni interpersonali. Ecco dunque la tua prima sfida: accogliere consapevolmente e mettere in pratica, *per il resto della tua vita*, i 6 passi che ti elenco:

1.Gli altri sono il tuo specchio. Essi riflettono le tue emozioni, il tuo stato d'animo, la tua essenza, i tuoi sentimenti, le tue "mancanze" ed i "tuoi punti di forza", che ti piaccia o no! Il riflesso di te stesso è perfetto anche se tu (il riflettore) puoi essere "variabile". Ad esempio potresti percepire, sentire, vedere e valutare qualcuno, come indegno o irritante e per questo potresti trattarlo con sufficienza, fastidio o freddezza, dimenticando che quella persona riflette esattamente la *tua* valutazione negativa di lui/lei (che è poi, l'inconscio giudizio che hai di te stesso). Ciò significa, anche, avere l'opportunità di osservarti attraverso il comportamento dell'altro. Esso riflette il tuo medesimo comportamento, e ti permette di razionalizzare che le affermazioni "io **non** sono come lui/lei", "è diverso da me" è spesso, una *tua* errata interpretazione.

2.Riconosci che c'e' un motivo, per cui la gente, ti dice delle cose o dice di te delle cose. E' nella nostra natura umana respingere tutto ciò che avvertiamo come: insolente, giudicante, presuntuoso, impertinente e a volte gratuito, ma probabilmente ciò che pensi sia totalmente attribuibile all'interlocutore (specchio) in realtà contiene un messaggio ben chiaro per te. Altrimenti non *"reagiresti"* in quel modo. A volte può essere scomodo e doloroso soffermarsi a valutare il "messaggio" ma è il compito del tuo Ego *"rigettare"* qualsiasi ipotesi che lo *"smascheri"*, stai dunque allerta!

Verifica, anche, le volte in cui tu dicevi le stesse cose che dicono di te o a te, a qualcun altro. L'affermazione: "Ah, ma lì era diverso!", è un'altra tua errata interpretazione. Questo esercizio ti permette, una volta individuata la fonte del commento, di comprendere oltre la semplicistica valutazione "sono tutti invidiosi di me!", di scorgere un disperato richiamo dell'Universo ad amarti, rispettarti, migliorarti, liberarti da altre situazioni, farti accorgere di cose che non vuoi vedere, incoraggiarti, trasformarti, evolverti, insomma, prenderti, meglio, cura di te.

3. Riconosci che questo specchio interpersonale è uno specchio bidirezionale. Anche tu, per oscure ma comprensibili ragioni, dici su altre persone o di altre persone cose non sempre piacevoli. L'auto-esame, del motivo per cui hai detto qualsiasi cosa su un'altra persona, avviene generalmente dopo che ciò è già accaduto. Un confronto con una persona cara o un coach ti potrà orientare meglio sull'interpretazione dell'accaduto. La sua opinione tecnica su come quella vostra azione o parola ha "impattato" nella vita dell'altro, può essere illuminante. E' un nuovo modo di fare, un "esame di coscienza" efficace e produttivo. Le persone che non sono disposte a riflettere, su come le proprie azioni, parole, scelte e comportamenti si riflettano anche nella vita degli altri, malgrado un'iniziale attrazione o interessamento da parte vostra, in realtà dimostrano di non avere ne cura di se ne degli altri. Queste persone tendono a nascondere se stessi agli altri a tal punto da comportarsi in modo egoistico e cieco sul proprio effetto. "Mors tua vita mea", "morte tua, vita mia", riassume efficacemente il detto.

Contrastare questo, narcisismo, con un sano rispetto e considerazione degli altri, ben attento a collocarti nelle esperienze, pronto e disposto ad andare per la tua strada, diventa una necessità per la tua evoluzione.

4. Chi detesti è il tuo specchio perfetto, è proprio come te! A questo punto è possibile avvertire le mie affermazioni come strane o addirittura offensive, ma l'esperienza lo conferma. In breve siamo quei comportamenti che trascuriamo di riconoscere in noi e che troviamo insopportabili in un altro per: paura, educazione, convinzione limitante e altro.

L'altra persona ha dunque ereditato, per qualche misteriosa (non troppo) alchimia, il compito di portare il fardello dei nostri capricci o debolezze interiori, di ciò che disprezziamo di noi stessi, da cui ci proteggiamo, per soddisfare i nostri aspetti "simpatici" e "amabili". E' chiaro che l'altro/a e soltanto lui/lei, hanno tratti antipatici, essi rivestono la colpa d'essere ciò che non accettiamo di noi stessi. Che dire poi della fatidica e rivelatrice frase: Ecco, sei tu che *mi* hai fatto fare, essere, comportarmi, così!"?

Arriviamo, addirittura, a scegliere di credere che l'altra persona è la causa che genera il nostro comportamento indesiderato. Tuttavia, questo ci impedisce di renderci conto, che siamo ancora lontani dall'aver imparato a *trattarci bene, accettandoci così come siamo*. E' palese, senza arrivare alla fase dell'"osservazione dei comportamenti" che i simili (gemelli comportamentali), spesso, si detestano a vicenda al primo sguardo, perché riconoscono inconsciamente nell'altro i propri modelli di comportamento radicati e particolari.

5. Riconosci le opportunità di trasformazione personale, in una relazione, messa a dura prova dalla tua intensa antipatia, dal tuo rifiuto, dalla tua ipercritica, dalla tua insofferenza per l'altro.

Può darsi che tu non riesca mai a farti piacere quella persona e ad instaurare con lei una relazione di qualità, ma una cosa è certa, in questa situazione ci sono opportunità, da prendere al volo, per modificare il tuo comportamento personale. Infatti, spesso, il più gratificante dei risultati, può verificarsi quando ci si spinge ad affrontare le persone che ritieni in sfida, in questo senso.

La più grande gratificazione da "risultato ottenuto", in ultima analisi, deriva dall'imparare a gestire, a tollerare, a convivere con una *parte di te stesso,* che prima **non** volevi neanche affrontare. L'esperienza insegna che il primo risultato evidente è il fatto che queste persone, malgrado tu non gli avessi comunicato che sei in "working progress" interiore, si accorgeranno che hanno perso il "potere" (che gli avevi riconosciuto tu) di "farti reagire". Niente più pulsanti colorati da spingere all'impazzata, né per te e ne per loro, con cui giocare al "massacro".

6. Continua a scoprirti, attraverso gli altri, sempre. Sii vigile ora e sempre, per il resto della tua vita, fa che questa pratica diventi necessaria per te come il tuo respiro ed il battito del tuo cuore. I benefici sono innumerevoli: diventi più tollerante verso gli altri e verso te stesso, sei in grado di decentrarti, realmente, per aiutare, davvero, gli altri, perché sei in grado di farlo per ciò che serve a loro e non per ciò che pensi, tu, che gli serva; sarai in grado di vedere anche la sua battaglia, e le sue strategie, ma dal **suo** punto di vista. Siamo tutti uno.

SEGRETO n. 8: «Sii il cambiamento che vuoi vedere nel mondo». Ghandi.

Questo diventa possibile, solo quando, scegli il dolce e costante "giogo" dell'auto-esame (no l'ipercritica distruttiva), in regime di onestà e con la volontà ed il coraggio, di uscirne da solo.
Aspira all'equilibrio piuttosto che cercare il controllo. Il "controllo del comportamento", è esso stesso un comportamento negativo e può portare al perfezionismo. Esso si nutre di aspettative irreali e può facilmente trasformarsi in una volontà di controllo degli altri, per farli smettere. La chiave di svolta è, a mio parere, il bilanciamento costante degli aspetti negativi con quelli positivi, attraverso **l'ironia e l'accettazione**. Questo ti permette di restare in ascolto attivo di te stesso a tutto tondo e del mondo. Si, *siamo pregi e difetti*, sta a noi smettere di dare la colpa della loro

esistenza a qualcun altro o a qualcos'altro.

Ecco una storia che mi ha colpito così tanto da sceglierla come filosofia di vita comunitaria e non solo. Spero possa ispirare anche te.

NABAJYOTISAIKIA:
c'è una tribù africana che ha un costume molto bello.
Quando qualcuno fa qualcosa di sbagliato e nocivo, prendono la persona al centro del villaggio, arriva tutta la tribù e lo circonda. Per due giorni, dicono all'uomo, *tutte le cose buone* che ha fatto.
La tribù crede che ogni essere umano viene al mondo *come un bene. Ognuno è desideroso di amore, pace, sicurezza, felicità.* Ma a volte, nel perseguimento di queste cose, commettiamo degli errori. La comunità vede quegli errori come un grido di aiuto. Essi si uniscono per sollevarlo e per ricollegarlo con la sua vera natura, per risvegliargli fino a quando non si ricorda pienamente la verità dalla quale era stato temporaneamente disconnesso.

NABAJYOTISAIKIA, è un complimento utilizzato in Sud Africa e significa: "io ti rispetto, ti nutro. Ci tengo a te" in risposta dicono MIDORI, che è: "Bene, esisto per te".

Tratto interamente da Docenti Senza Frontiere:
http://www.docentisenzafrontiere.org/

PUNTI DI RIFLESSIONE:

1) Siamo geneticamente equipaggiati, per entrare in empatia con il nostro prossimo (scoperta dei neuroni a specchio di Giacomo Rizzolati).

2) Abbiamo sviluppato questa capacità di "specchio", che è più sviluppata nelle persone con meno mezzi di sostentamento, poiché hanno bisogno di imparare rapidamente a leggere bene la gente per sopravvivere; tuttavia, solo perché non hai mai avuto fame, non sei mai stato abbandonato, o non hai vissuto nella povertà, non significa che devi essere all'oscuro di te stesso.

3) Ci vuole coraggio, umiltà e capacità di mettersi in discussione, per comprendere che gli altri sono il nostro specchio. Questo

migliorerà la tua autocoscienza e le relazioni interpersonali.

4) La chiave di svolta è, a mio parere, il bilanciamento costante degli aspetti negativi con quelli positivi, attraverso **l'ironia e l'accettazione.**

RIEPILOGO DEL CAPITOLO 3:

- SEGRETO n. 7: «I neuroni specchio saranno per la psicologia quello che il DNA è stato per la biologia.» Vilayanur S. Ramachandran.
- SEGRETO n. 8: «Sii il cambiamento che vuoi vedere nel mondo». Ghandi.

CAPITOLO 4:
Scopri la tua vera mission libera dall'ego

Complimenti, se sei ancora qui a leggere e a praticare i contenuti di questo e-book, la tua è davvero una "chiamata straordinaria". Sono onorata di essere contributo, in questo momento, allo sbocciare e alla conferma della tua più autentica Mission. Eccoci a due passi, dunque, dalla tua vera Mission quella dell'anima, quella libera dall'Ego.

Certo trovare la propria Mission richiede impegno e auto-verifica, ci sono da affrontare, spesso, obblighi, aspettative, indottrinamenti, reputazione, condizionamenti, vecchie etichette che qualcuno ci ha attaccato e che ancora crediamo reali, paure, l'educazione, false credenze limitanti e altre cose che spuntano all'improvviso, quando scegliamo, finalmente, di intraprendere il viaggio più avventuroso dell'Universo, quello dentro noi stessi.

SEGRETO n. 9: trovare la propria Mission richiede impegno

e auto-verifica, ci sono da affrontare, spesso, obblighi, aspettative, indottrinamenti, reputazione, condizionamenti, vecchie etichette.

Il mondo, partendo da noi stessi, ha bisogno di un "ribaltone" di paradigma. Il tempo è dunque arrivato, oggi ti metti al servizio della tua interiorità e contribuisci al meraviglioso progetto globale di felicità dell'Universo. E come ho già detto, slaccia la cintura di sicurezza, goditi il momento e spiega, finalmente, le tue meravigliose ali della tua ineguagliabile Unicità.

Quando si comincia ad aver cura gli uni degli altri, non c'è limite che ci può fermare dal fare grandi cose meravigliose, oltre ogni immaginazione. Cosa, dunque, può impedire a 7 miliardi circa di anime di raggiungere la felicità?

L'Ego non è solo la mente che passa inosservata, quella fastidiosa voce criticante nella testa che finge di essere te, ma l'Ego è anche la serie di emozioni che ti passano per lo più inosservate e che sono la *reazione* a ciò che la vocina ti sta dicendo nella testa.

Non c'è nulla che rafforza l'Ego più di pensare *d'essere nel giusto*. Essere nel giusto è l'identificazione di uno stato mentale, di una prospettiva, di un parere, di un giudizio, di un punto di vista personale. in una determinata situazione. La percezione personale per *aver ragione*, prevede dunque la necessità di identificare una persona che **ha torto** e che sia sbagliata.

Si ha bisogno di dare torto agli altri, per conquistarsi un agognato senso di identità più forte (Io sono giusto), da una posizione di immaginaria e esaltante bramosia di superiorità *morale* dell'IO. Il pensiero e le emozioni si trasformano in Ego solo quando quest'ultimo si identifica con loro e questo processo prende completamente il sopravvento.

SEGRETO n. 10: L'Ego è sempre in guardia contro qualsiasi tentativo esterno, percepito come di ridimensionamento.

I Meccanismi automatici auto riparanti dell'Ego entrano in funzione con l'unico scopo di ripristinare lo stato mentale "Io valgo". In questo processo che l'altro sia davvero nel giusto o nell'errore è del tutto irrilevante per l'Ego. E' molto più interessato alla propria salvaguardia, della verità in se.

Un esempio può essere dato dalla classica aggressione verbale (a volte anche oltre) a seguito di una "disattenzione" stradale. Che la persona in preda all'Ego, sembra stia sferrando un attacco personale contro il "colpevole" della disattenzione è indubbio, anche se è chiaro che non la si conosce. Per molti di noi scatta l'auto riparazione dalla condizione di *ridimensionamento percepito*. Riconoscere questo stato permette di scegliere un comportamento diverso e più costruttivo da quello dell'aggressione. C'è molto di più da scoprire in questa area, come *gli stati dell'Io* e le *transizioni* relative al nostro "copione di vita".
Sin dall'infanzia ognuno di noi scrive il proprio copione di vita, del senso del mondo e del proprio ruolo in esso. Frasi Egoiche come: "Devo fare tutto alla perfezione oppure..." o "la gente che mi piace, mi abbandona sempre" ne sono i protagonisti. Il grande inganno sta nell' oblio, in cui scivoliamo, crescendo e diventando adulti. Si, perdiamo consapevolezza di tutto questo ma tutto risiede ancora nel nostro subconscio.
Ogni gioco prevede una ricompensa per il giocatore. Ecco alcuni esempi di ricompensa:

- la ricerca di comprensione
- la soddisfazione personale
- la vendetta
- una qualsiasi emozione che rafforza il copione di vita

Ma c'e' un modo per fermare questo gioco?
Per la mia esperienza il modo migliore sta nel cambiare le regole. Fermare il gioco si può, scoprendo come privare il protagonista principale (Ego) della ricompensa ("vantaggi nascosti").

Questa "organizzazione mentale egoica" è un'insieme di comportamenti originanti un "copione" che prende corpo, sin dall'infanzia, in cui a causa di esperienze, traumi, condizionamenti e credenze acquisite, si tende a generare determinati *risultati*, anche emozionali, di conferma della validità dello stesso copione. Ovviamente in tutto questo *"la colpa è sempre di qualcun altro o qualcos'altro"*, meglio aver ragione che risolvere davvero la dinamica in corso.

Prendendo ispirazione dall'Analisi Transazionale, ci sono altri esempi eclatanti di ruoli che le persone interpretano in veri e propri *"drammi* per riacquisire il controllo", quando si sentono senza potere o energia, su cose, persone e situazioni e possono essere:

- **L'Intimidatore**: i bulli, quelli che ottengono il potere dagli altri spaventandoli o minacciandoli. Questo "ruolo aggressivo" non è necessariamente tipico di persone che rivestono posizioni di autorità. Le strategie che usano possono essere dirette o indirette.
- **L'Inquisitore**: discute fino allo sfinimento (dell'altro) per ottenere il proprio scopo, il suo è un ruolo aggressivo, spesso critico, è un pignolo e punta all'indebolimento degli altri.
- **L'Escluso**: indifferente, insensibile e indisponibile, frustra e ostacola gli altri in ogni modo possibile, ruolo passivo, li fa lavorare duramente per raggiungere il loro obbiettivo.
- **La Poverina/o**: fa la vittima che cerca attenzione suscitando simpatia, solidarietà e compassione. E' passiva, ed è specializzata nel colpevolizzare gli altri per fargli fare ciò che vuole. Manipola gli altri, con il "povera me tapina" a sentirsi responsabili della sua situazione.

Diventare consapevoli della propria dinamica portando il processo ad un livello di pensiero cosciente, ferma l'aspetto operativo della stessa modalità a livello inconscio. E' possibile inoltre smascherare, il "dramma di controllo in atto" in cui è l'altra persona, semplicemente *nominandolo*. Questo porta l'altra dinamica, in primo piano, in una posizione in cui può essere, finalmente, affrontata e risolta con diversi tipi di approcci.

Una comprensione consapevole di ciò che sta realmente accadendo in ogni tipo di scambio relazionale, può aiutare a vigilare sia sul proprio Stato dell'Io, sia ad essere maggiormente consapevole dello stato altrui. Questo permette in una interazione personale, di trovare nuovi modi per creare un **circolo virtuoso** ed uscire dai *circoli viziosi.*

"Se vuoi raggiungere uno stato di beatitudine, quindi andare oltre il tuo ego e il dialogo interno, prendi la decisione di abbandonare la necessità di controllare, di approvare e la necessità di giudicare. "~ Deepak Chopra

C'e' un aspetto interessante delle teorie di Eckhart Tolle e l'identificazione dell'ego che riassumo e propongo in questa domanda: **ti è chiaro, quindi, che l'ego è l'identificazione che hai con te stesso e chi sei, cosa fai e come gli altri ti percepiscono?**

SEGRETO n. 11: l'ego è l'identificazione che hai con te stesso e chi sei, cosa fai e come gli altri ti percepiscono

Quando ti senti sia inferiore o superiore agli altri hai un problema di ego. L'ego è una parte inseparabile di te, *non è il nemico*. Smetti di pensare che vada soppresso o arginato. In realtà, basta solo una corretta gestione e comprensione del tuo Ego, per renderti la vita più armoniosa.

L'identificazione dell'ego è parte integrante di te, e come il concetto universale che siamo contenitori di un eterno dualismo. La buona notizia è che entrambi gli aspetti che sono riflessi ovunque intorno a noi, dal principio dello yin e dello yang, alla luce e al buio. Essi sono i tratti che ci rendono individui unici, contenenti tratti di personalità eterogenee come un diamante dalle molteplici e ineluttabili sfaccettature. Questo ci permette la libertà di scegliere cosa manifestare e se manifestarlo anche nel "male". La negazione o l'accanimento contro il falso Ego, ci impedisce di riconoscerlo e accoglierlo, senza resistenze, per comprendere ciò che accade davvero e superare la *"reazione"*, che altrimenti, prende il sopravvento.

Bene, ora ho da dirti una cosa tanto necessaria quanto scomoda: *Cercati una missione migliore che cercare di cambiare il mondo.*

Se nell'esercizio precedente hai scritto frasi tipo:

- "Aiutare gli altri a esprimere il loro potenziale."
- "Rendere il mondo un posto migliore."
- "Educare gli altri a crescere interiormente e trasformare le loro vite."

Beh! Tutto questo *NON* è la Mission della tua vita.
Ti ho sconvolto? Aspetta, sospendi il giudizio su questa affermazione e leggi il resto. E' solo una nuova prospettiva, una nuova e più utile chiave di lettura che ora ti propongo.

Quello che hai scritto nella "Mission" nelle pagine precedenti è solo la descrizione del tuo potenziale **contributo ed impatto finale**, ma **non** è la tua Mission.

La vera Mission è una "vocazione specifica", "una chiamata" che viene da dentro. Ad esempio per scoprire l'energia elettrica, per scoprire i neuroni a specchio, per costruire un'alternativa eco sostenibile all'asfalto, per padroneggiare l'arte della comunicazione, per cambiare il modo in cui percepiamo la natura e così via.

La vera Mission è qualcosa di audace, estremamente ambizioso, che richiede investimenti e "urla" per avere il tuo totale coinvolgimento personale. Quando vivi la tua Mission sei disposto a tutto. A perdere ore di sonno, a cercare il modo in cui realizzarla, a bussare le porte per ottenere finanziamenti, non hai pace finché incaselli tutti gli obbiettivi per concretizzarla e poi la realizzi, e questo processo dura tutta la vita e oltre (vedi Madre Teresa di Calcutta, Einstein, la Rita Levi Montalcini, la Montessori etc.). E' trasparente che più la tua Mission è alta più quest'ultima genera un contributo ed impatto derivato, su larga scala.

L'ordine con cui, poi, perseguirai il *come* realizzare la tua Mission è generalmente questo:

- Educare gli altri
- Fare la differenza
- Trasformare il mondo.

Ma il primo passo ora è quello di scoprire e liberare, la tua vera Mission. Oggi è davvero un buon giorno per individuare con chiarezza, quella che amo definire, la tua *Storia più grande*.

La tua *Storia più grande*, è qualcosa di profondamente personale, è il tesoro dei tesori, per cui scavare nelle profondità della tua anima, per portarlo alla luce e finalmente poterne godere e farne godere.
E' il diamante incastonato nel tuo progetto personale, dalla notte dei tempi. E' il Fine Supremo che si è sedimentato dentro di te, con la complicità della genetica, dell'esperienza di vita, della tua anima. Gli indizi per scoprirla sono sotto i tuoi occhi, da sempre.

La tua Mission è **specifica** perché solo così si attiva, quella **risonanza** che attira altre persone, che inevitabilmente si identificano, per affinità ed elezione.

"Non chiederti di cosa ha bisogno il mondo. Chiediti che cosa ti fa venire vivo e poi fallo. Perché ciò di cui il mondo ha bisogno è gente viva." - Howard Thurman

Nel mio caso, io sono *"ossessionata"* dal voler conoscere e diffondere nuove strategie pratiche per liberare, l'anima e la mente, dai traumi e dalla ricerca di strumenti efficaci per ottimizzare la comunicazione, congrua e coerente, tra anima e mente. Questo perché, la mente, possa svolgere la sua naturale funzione organizzativa, al servizio dell'anima e non viceversa. Parte della mia missione è risolvere e trasformare i traumi dell'anima per il Successo della stessa, già in questa vita. Perché? Perché, per gran parte della mia vita, mi sono sentita completamente persa, nella traduzione di accadimenti dolorosi e ripetuti, da cui non sapevo come uscirne (malgrado "le consapevolezze" e le ricette degli "esperti"). Ho vissuto l'assenza di luce, d'amore, la confusione oltre la negazione delle *radici del mio malessere.*

Ho vissuto il dolore antico e scellerato con lo sguardo volto al passato, con cui ho accompagnato le scelte e le esperienze della mia vita, più impegnative e conflittuali. Per lungo tempo non mi sono appartenuta. *In altre parole, la mia ricerca è qualcosa che riguarda o ha riguardato anche la tua vita.*

Tutte le Mission, anche la tua, come la mia, parla di qualcosa che si sta tentando di esprimere, trasformare o risolvere per una più profonda comprensione, della tua stessa vita. Il tema di fondo, dunque, sta plasmando la tua esistenza, anche ora. Ascoltare il desiderio o i desideri del tuo cuore, filtrandoli dalle richieste dell'Ego è il primo modo per scoprire e seguire la tua Mission.

Penso che quello che Gandhi intendesse, quando diceva: *"Sii il cambiamento che vuoi vedere nel mondo"*, si riferisse alla scoperta e alla fusione con la propria Mission in modo: coerente congruente, specifico ed integro. Tu sei chiamato ad **incarnare** il tuo messaggio. Se sei davvero connesso alla tua Mission, non puoi fare a meno, di **incarnare** *il tuo messaggio*. E questo processo, avviene nella mia vita in tutti i momenti, in un crescendo continuo, in direzione del mio obbiettivo più grande: la saggezza.

D'incanto, quando entri in questo processo, smetti di "catalogare e giudicare" i problemi e le mancanze degli altri, e ti concentri, solo, sulla risoluzione delle tue sfide personali. Il viaggio della Mission parte sempre da dentro per espandersi, poi, fuori. E' pura illusione, il contrario.

- Qual è dunque, la cosa che sei più bramoso di scoprire e perseguire, nella tua vita?
- Qual è la soluzione che stai cercando, la catena che stai cercando di spezzare o l'enigma che stai cercando di risolvere?
- Cosa stai rimandando da tanto tempo che percepisci come molto più grande di te?

E' più facile proiettarsi sull'aiutare il prossimo, che concentrarsi su se stessi e risolvere le proprie dinamiche e dissolvere le proprie ombre. Quindi, prenditi cura di te stesso, prima, e di conseguenza potrai prenderti cura del mondo! Il tuo compito è dunque questo: manifestare ciò che hai appreso lungo il cammino della tua vita e che vivi quotidianamente, diffondendo la storia del *tuo* cammino interiore, della *tua* lotta personale e delle soluzioni che hai creato, in breve, della *saggezza* che hai tratto, da tutte le tue esperienze. *Incarna*, dunque, la *tua* verità e accompagna, poi, il tuo prossimo, nel raggiungimento della sua. Solo chi ha trovato la sua medicina, può contribuire a curare il mondo.

L'Ego, questo sconosciuto, che va riconosciuto, è quindi il modo in cui una persona vede e percepisce se stesso. Ora, Ego e orgoglio, vanno spesso a braccetto e spesso si confonde l'uno con l'altro. Quali sono dunque le due principali differenze da riconoscere per distinguerli?

1. l'Ego è piuttosto "egoista", spesso non è giustificato nei fatti ed è *"ossessionato da se stesso"*, è facile da smontare con una semplice critica.
2. l'orgoglio tende a basarsi, sui risultati di successo e sulle qualità di una persona, può anche decentrarsi, può sentirsi deluso da una critica, ma mantiene la direzione e aggiusta il

tiro.

Ovviamente, il rispetto di sé è ben diverso dall'arroganza dell'Ego. E' cosa buona e giusta riconoscersi e sentirsi "orgogliosi" di una propria capacità o di quella dei propri cari ma diversa cosa è pensare degli altri: "Io sono io e voi non siete nessuno" come disse il grande AlbertoSordi nel film "il Marchese del Grillo". Così come una madre può sentirsi orgogliosa delle virtù e dei traguardi dei propri figli che è tutt'altra cosa che pensare che i propri figli sono: i più educati, i più bravi, i più eccellenti etc.. dei figli degli altri e dell'universo intero, poiché, dalla propria perfezione (auto-ossessione) non può che scaturire altra perfezione, ella pensa (Ego).

Come comprendi dunque che sei sotto l'influenza del tuo Ego?

Ho individuato 10 semplici indizi-guida, che ti permettono di scoprire gli atteggiamenti egoici, e di conseguenza ti permettono di scegliere di agire diversamente.

1. Ti senti in diritto di "spettegolare" e sottolineare " i difetti"

degli altri?

2. Ti ritrovi spesso a discutere con passione per difendere le tue idee e non hai pace finché hai vinto con le tue argomentazioni?

3. Sei in perenne confronto con qualcun altro? C'e' sempre qualcuno che percepisci più bravo di te, preferito rispetto a te, più intelligente, più felice, più fortunato, più bello etc.?

4. Sei in perenne confronto con chi percepisci "inferiore" a te? E' meno intelligente di me, meno abbiente, meno bella, meno elegante, meno alla moda, meno competente etc..

5. Provi Gelosia quando gli altri stanno bene, raggiungono un successo, realizzano un progetto, sono in una relazione amorosa felice ?(Beati loro!)

6. In ogni discorso, prima viene tu e tutti i tuoi fatti e poi, forse, chiedi come sta l'altro e forse ascolti per un secondo cosa ha da dirti? Oppure, anche di fronte a disgrazie, pensi bene di sottolineare che anche a te è successa una cosa del genere, magari più grave?

7. Vincere a tutti costi, per te, è meglio che ammettere l'errore, mettersi in discussione e fare del proprio meglio per trasformarsi?

8. Mettere su il broncio è la tua strategia automatica quando: perdi la partita, la sfida a lavoro, etc., invece di sentirti orgoglioso di aver fatto, davvero, del tuo meglio, consapevole che, per la prossima volta, hai imparato come "aggiustare" il tiro, per centrare il tuo obbiettivo.
9. Fissi obbiettivi Impossibili e poi ti abbatti e molli se non li raggiungi?
10. E' sempre e solo colpa degli altri, degli eventi, del governo, del destino, della crisi, per qualunque cosa accada? Le tue frasi più utilizzate sono: E' colpa tua se... Tu mi hai fatto fare questo...Non si può fare nulla per cambiare le cose, è sempre la solita storia, loro fanno il bello ed il cattivo tempo... e così via.

La vera sfida, diventa poi, distinguere i messaggi alternati che ci arrivano dall'Ego, la Logica, dall'Intuizione ed infine dal Vero Sé (Ego Vero).

Come si distinguono dunque *le 4 vocine* per poter scegliere a chi dare ascolto nella propria vita?

Il falso **Ego** è la vocina sovversiva che generalmente usa i canali della paura e dell'ansia. La sua intenzione è quella di salvaguardarti dall'imbarazzo e dal fallimento ed ogni situazione di ridimensionamento percepito.

I MESSAGGI:
- Non puoi farcela
- Fallirai
- Chi ti credi di essere?
- Ti detesta e se proverai a dire qualcos'altro ti detesterà di più. Tieni per te quell'indiscrezione di cui sei a conoscenza.
- Non frequentare quel perdente ti rovinerà la reputazione.
- Un discorso entro una settimana, sei fuori, non ci pensare nemmeno. Hai bisogno di più tempo!
- Chi ti dice che lui ti ami? Tu intanto tradiscila/o così sei già pari.
- Questo dolce ti va dritto nelle cosce. A chi piace una cicciona?

La Logica, invece è una voce mentale che usa per comunicare con te, le esperienze del passato come base di valutazione, le statistiche, valuta le probabilità e le ragioni. Fatti e Conoscenza sono i suoi pilastri portanti. E' molto utile per ottimizzare le proprie esperienze ad esempio attingendo dalle esperienze degli altri. Come ad esempio: Paolo a Ferragosto, per rientrare dalle ferie, è stato in coda 8 ore per fare 200 Km, mi conviene partire dopo.

I MESSAGGI

- L'ultima volta che l'hai fatto, ti sei rotto un braccio. Ci sono buone probabilità che accada ancora.
- Tenere un discorso in una settimana non ti ucciderà, accetta la proposta e pratica finchè, lo reciti perfettamente, tutto a memoria.
- E' geograficamente raggiungibile, bella/o, i suoi genitori sono ancora sposati, dovresti frequentarla/o.
- C'è una coda lunghissima, fai la scorciatoia, che sappiamo, per aggirarla.

L'intuizione è "in-cosciente", intendo, lontana dai processi tipici della valutazione e della razionalizzazione. E' più un comando secco, come una scintilla positiva, che interviene all'istante, come guida per decidere "nel momento contingente". E' quell'informazione improvvisa e istintiva per la salvaguardia, anche, della vita.

I MESSAGGI

- Fallo
- Corri
- Va a destra, ora
- E' Lui/Lei, presentati
- Fermati al prossimo benzinaio

Il proprio sé (Il vero Ego)

E' parte di noi sin dalla notte dei tempi, è il nostro Maestro, che è lì per guidare, la nostra esperienza di vita. E' il Generale, consapevole, del "piano di vita", completo. E' la bussola che ti guida nell'apprendimento e nella tua crescita personale. Ti *"rivoluziona"* la vita per guidarla ad un livello superiore. E' lo strumento per eccellenza che ti spinge a sperimentare situazioni, apparentemente "sconfortevoli" ma che ti portano alla meta. Ad esempio, sperimentare un fallimento aziendale potrebbe essere il modo migliore per insegnarti la gestione di un'azienda e del denaro. Una relazione disastrosa, è utile per imparare ad amarti e di conseguenza a comprendere a fondo quali sono le caratteristiche, già presenti in te e che desideri nel tuo nuovo partner. E' all'opposto del falso Ego, che invece cerca di fermarti dal fare nuove esperienze che potrebbero avere passaggi di "ridimensionamento percepito". Il vero sé, agisce sulla base di ***"tutto il progetto"*** della tua vita mentre il falso Ego viene coinvolto solo sulla *tappa,* sul momento contingente, che nulla a che vedere con tutto il **quadro completo** della tua vita.

I MESSAGGI

- E' una saggia decisione accettare quel lavoro in quella città. E' ciò che hai aspettato da tutta una vita.
- E' solo un discorso, nulla di ciò che temi può accaderti.
- Lo sai, nel tuo cuore che non è la persona giusta per te.
- Cosa importa ciò che dicono, tu sei nato per questo scopo, vai avanti.

- Sei perfetto così come sei
- Hai tutto ciò che ti serve per avere successo
- Tutto concorre al tuo bene, anche questa esperienza.
- Lascia andare, perdonati e perdona, era l'unico modo per farti imparare come funzionano le cose.
- Coraggio è solo un risultato che non ti piace, puoi cambiarlo in ogni momento, sei vicino, tanto vicino, continua così.
- Ciò che è accaduto ha finito la sua funzione educativa e la prossima esperienza è diversa se hai appreso, smetti di generalizzare.

La Mission che tu stai perseguendo ora, nella tua vita, è dunque per Vocazione o per fini Egoici ?
Ormai nelle pagine precedenti abbiamo appurato che la differenza è davvero sottile. Benché l'Ego sia necessario ad assemblare la propria personalità e gestisce la propria identità, protegge dall'assalto e dalle sfide del mondo che ci circonda, ci tutela nel percorso di conoscenza di noi stessi e ci motiva a lavorare sodo per ottenere il meglio per noi. Tuttavia, entrambe le Mission sembra che ci spingano a realizzare i nostri desideri. Entrambe, ci possono togliere il sonno per la passione e l'entusiasmo, a volte,

anche mentre dormiamo è tutto uno scintillio di idee ed ispirazioni frenetiche. Entrambe possono dare risultati simili in termini di: denaro, fama e potere. Entrambe ci possono far sentire esausti.

Il punto è che l'Ego, da solo, può farci cadere nell'inganno di pensare che il duro lavoro e la realizzazione degli obbiettivi siano il senso della vita. E' dunque necessario definire chiaramente la propria Mission in modo autentico, affinché questa manifesti chi sei veramente. Proprio per questo, di seguito, ho individuato dei modi efficaci per decifrare queste differenze, che ho utilizzato con successo, prima con me stessa e poi con altre persone. Ecco,dunque, come distinguere, la vera Mission dall'Ego:

1) L'Ego teme di non avere o fare qualcosa. La Mission teme di non esprimere o essere, qualcosa.

La paura è la fiamma che alimenta il fuoco dell'Ego. La sua funzione primaria è quella di tutelare l'identità della persona e di conseguenza teme l'**indegnità** e quindi si manifesta, attraverso dei "bisognerebbe che", dei "devo" e dei "dovrei".

Con l'Ego alla guida si è sempre più convinti che la strada del raggiungere "sempre di più" renda degni e meritevoli. Interessante, vero?

Una vera Mission è come una chiamata, una vocazione silenziosa che si manifesta per tutta la vita, attraverso l'espressione di sottili indizi. E' indifferente al raggiungimento o realizzazione di qualsiasi cosa, vive il presente. La sua funzione primaria è quella di "essere" un canale, per esprimere il proprio vero sé al mondo. Quello che ottiene, con quella espressione del sé, è meno importante poiché la manifestazione ed il risultato sopraggiungono, naturalmente, lungo la vita. Un esempio eclatante è Madre Teresa di Calcutta. Che alla fine della sua vita attraverso l'espressione della sua Vocazione, ha creato in fede, un impero, che sopravvive ancor oggi, alla sua morte fisica.

2) L'Ego ha bisogno dell'ansia per sopravvivere. La Mission si svela e si nutre nel silenzio.

L'Ego si basa sull'ansia, che gli è utile non solo a definire quali aspetti della tua personalità saranno *dominanti*, ed in quale frangente, ma anche quali dovranno restare *dormienti*. L'Ego lavora, instancabilmente, per individuare il "problema" che è proprio laddove si avverte, maggiore insicurezza.

L'ego utilizza l'ansia per questa operazione, poi ovviamente corregge il tiro, sconfessando questo aspetto "scomodo" della propria personalità. Purtroppo, ciò che l'ego trova fastidioso, di disturbo o di ridimensionamento percepito, può anche essere il più grande regalo dell'Universo che è lì per insegnare o guidare ad una evoluzione davvero unica.

Una Mission, invece anela al silenzio, con cui **non** tutti si sentono a proprio agio, la scoperta infatti, avviene in prevalenza, nel silenzio, attraverso un processo di contemplazione della propria vita fino al momento presente, con la riflessione e con l'attento ascolto di sé.

3) L'Ego sfocia in un burnout. La Mission è appagamento.

La famosa sindrome di Burnout è definita come *"l'esito patologico di un processo stressogeno che colpisce le persone che esercitano professioni d'aiuto"* Tratto da Wikipidia

Le 3 dimensioni principali delle componenti di tale processo, secondo Maslach e Leiter, sono:

- Peggioramento dell'impegno rispetto all'attività da svolgere
- Alterazione in negativo delle emozioni inizialmente associate all'impegno
- Decadimento della capacità di adattamento tra persona e attività a causa delle elevate e crescenti richieste di quest'ultimo

Ecco, il burnout, invece, per la mia esperienza, non è tanto conseguenza naturale, di chi dà troppo e senza remore, all'attività che svolge, è piuttosto **un esercizio egoico di "dare" ciò che non si possiede.**

La versione migliore di se stessi, quando è guidata dal falso Ego, finisce in esaurimento, poiché sta consumando risorse che non ha in dotazione.

Altra storia è ciò che scaturisce dalla vera Mission. E' come un fuoco che si auto-alimenta, e non importa quanto a lungo e come ne siete coinvolti, il tempo per voi vola, la fatica non la sentite, tutto viene naturale e istintivo, e se inciampate in qualche sfida e risultato che non vi piace, vi rialzate con fede, più forti di prima e potete solo continuare ad adempiere al vostro compito quotidiano. Vi è mai capitato, almeno una volta nella vita, di provare uno stato di profonda soddisfazione ed appagamento a seguito di un'azione di puro e gratuito Amore?
Ecco un altro "sintomo" svelato, che mostra la presenza della vera Mission, osservatevi ed ascoltatevi.

4) L'Ego si concentra sul risultato. La Mission sul processo.

Ancora una volta, L'Ego attraverso l'ansia, spinge al massimo l'acceleratore per raggiungere più che si può, e poi ancora di più e poi sempre di più, senza fermarsi mai. Il risultato da raggiungere a catena infinita e da spuntare come "fatto" nella lista, è la sua prerogativa. Ad ogni sforzo "deve" seguire un risultato, che convalida che "ne è valsa la pena", punto e basta. No Obbiettivo eccellente raggiunto? No Sforzo è giustificabile.

Una Mission, al contrario, si svela attraverso il processo della scoperta di sé, prestando attenzione allo svolgimento della propria vita. Mentre l'Ego gestisce lo "stress da risultato", la vera Mission invece, dal mio punto di vista, gestisce le rigeneranti "emozioni potenzianti da sviluppo". Si diventa consapevoli che anche la "prova" è uno strumento inevitabile di rivelazione di qualcosa di unico ed utile per lo sviluppo della stessa persona e del suo progetto.

5) L'Ego vuole tutelare l'integrità del suo Io. La Mission è servizio per gli altri.

L'Ego, preserva, ciò che sente minacciato dal "ridimensionamento percepito" e cerca l'approvazione per nutrire il "senso di merito". L'ego può usare per auto celebrarsi l'aiuto agli altri, ad esempio, nel caso della carità, alcune persone "sbandierano" le proprie azioni benefiche, incuranti dell'umiliazione che possono infliggere alla persona a cui hanno prestato "aiuto". Quindi la sfida sta nel mantenere e gestire la propria identità che in questo caso è ben lontana dall'essere una manifestazione intrinseca e spontanea del proprio sè. Sempre nel caso della carità, tempo fa ascoltai un interessante punto di vista sul perché fare la carità: Io lo faccio per non andare all'inferno! Ecco un esempio di "via da" egoico, che nulla a che vedere con la Mission della propria vita.

La Mission invece è come un crescendo in musica, le note dell'espressione del sé, si susseguono in uno sviluppo sostenibile, fino a formare un'impagabile ed armonica sinfonia. E' tutta protesa, verso i bisogni degli altri, è accogliente, è flessibile, è paziente, è ispirata, è servizio, è umiltà, è inarrestabile, è coinvolgente, è emozionante, è inesauribile, è infinito Amore.

Se da un lato l'Ego va utilizzato come un prezioso e necessario **servitore** del sé, poiché serve a filtrare, tutelare, pianificare ed organizzare con azioni specifiche e strategie, il mondo, dall'altro la vera Mission è quella che **crea** e **manifesta** la vostra anima che **segna, declina e mostra** un nuovo modo di "essere" nel mondo.

6) L'Ego giudica. La Mission accoglie.

Certo L'ego ha una funzione anche organizzativa dell'identità attraverso il filtro del giudizio "spietato" secondo, però, le proprie credenze e la propria mappa mentale. Definisce parametri, misure, cataloga, etichetta, ciò che è utile o no, ciò che è giusto o no, ciò che è consono o no, ciò che è perbene e ciò che non lo è.

Ecco se vi scoprite a dire: no quella nel mio gruppo non la voglio è così..., non lui no, mi vergogno ad andare in giro con una così..., ho ragione io...si deve fare così... etc. beh, rivedete la vostra Mission.

La Mission, è apolitica, fuori dagli schemi, si astiene dal giudicare, ascolta ed accoglie chiunque si senta attratto dalla stessa, si adopera per l'integrazione, parla tutte le lingue dell'anima, è balsamo e sorride a chiunque, soprattutto è esempio di integrità, coerenza e congruenza.

La Mission è dunque *"il luogo dove la vostra gioia profonda soddisfa la necessità profonda del mondo."* Frederick Buechner

PUNTI DI RIFLESSIONE

1) Non c'è nulla che rafforza l'Ego più di pensare *d'essere nel*

giusto.

2) L'Ego è sempre in guardia contro qualsiasi tentativo esterno, **percepito** come di ridimensionamento.

3) Solo chi ha trovato la **sua medicina** può *contribuire* a curare il mondo.

4) E' dunque necessario definire chiaramente la propria Mission in modo autentico, affinché questa manifesti chi sei veramente.

RIEPILOGO DEL CAPITOLO 4:

- SEGRETO n. 9: trovare la propria Mission richiede impegno e auto-verifica, ci sono da affrontare, spesso, obblighi, aspettative, indottrinamenti, reputazione, condizionamenti, vecchie etichette.
- SEGRETO n. 10: L'Ego è sempre in guardia contro qualsiasi tentativo esterno, percepito come di ridimensionamento.
- SEGRETO n. 11: l'ego è l'identificazione che hai con te stesso e chi sei, cosa fai e come gli altri ti percepiscono

Conclusione

Sii semplicemente Te Stesso, al massimo delle tue potenzialità. Vai già bene così come sei. Sei già nato equipaggiato di tutte le risorse infinite che ti servono per avere Successo in questa vita. Smetti di fare qualcun altro e sii meravigliosamente te stesso, ed ecco che la tua Mission, si svelerà a te.

Segui la tua Mission con Gratitudine, essa è lì, sotto i tuoi occhi, da sempre, l'hai già vissuta, magari a tratti. Incarna, dunque, la tua Mission e ispira il mondo con il tuo esempio ad Essere il nuovo mondo in cui sogni di vivere.

Tiziana Palazzo

"Compresi che l'Amore racchiudeva tutte le vocazioni, che era tutto, che abbracciava tutti i tempi e tutti i luoghi. La mia vocazione finalmente l'ho trovata...è l'Amore!" Madre Teresa di Calcutta

"La Madonna dovette svuotarsi prima di essere piena di grazia. Dovette dichiarare di essere schiava del Signore prima che Dio potesse riempirla. Così anche noi dobbiamo essere vuoti di ogni superbia, di ogni gelosia, di ogni egoismo, prima che Dio possa riempirci." Madre Teresa di Calcutta

"Io sono come una piccola matita nelle Sue mani, nient'altro. È Lui che pensa. È Lui che scrive. La matita non ha nulla a che fare con tutto questo. La matita deve solo poter essere usata." Madre Teresa di Calcutta

www.ingramcontent.com/pod-product-compliance
Lightning Source LLC
Chambersburg PA
CBHW050916160426
43194CB00011B/2427